¿Izquierda o fundamentalismo?

Nicaragua según Maurice Lemoine

Ovide Bastien

Muchas gracias a Mila Díaz Ropero y José del Pozo por revisar este libro

Otros libros del autor

Chili: le coup divin, publicado por "Les Éditions du Jour" en septiembre de 1974, en Montreal, Canadá. Republicado en Amazon como ebook en 2014 y como libro de bolsillo en 2015.

Chile: el golpe divino, Publicado en Amazon como ebook y libro de bolsillo en 2017. También incluye una nueva sección, Epílogo 2017.

Chile: The Divine Coup, Publicado en Amazon como ebook y libro de bolsillo en 2017. También incluye una nueva sección, Epílogo 2017.

CHILE: Underside of Economic Miracle, Publicado por primera vez como manual para la enseñanza en el Colegio Dawson desde 1995 hasta 2011. Republicado y actualizado en Amazon como ebook en 2014 y libro de bolsillo en 2015.

My 9/11 Awakening to America's Moral Crisis, (Diario y cartas, Chile: el golpe militar del 11 de septiembre de 1973) publicado en Amazon como ebook y libro de bolsillo en 2015.

Love or Money: What Makes the World Go Round?, publicado en Amazon como ebook y libro de bolsillo en 2015.

Cry of the Earth - Cry of the Poor, publicado en Amazon como ebook y libro de bolsillo en 2016.

Globalization Under Attack, publicado en Amazon como ebook y libro de bolsillo en 2017.

Life of the Mind According to Aimé Forest, publicado en Amazon como ebook y libro de bolsillo en 2018.

La vie de l'esprit selon Aimé Forest, publicado en Amazon como ebook y libro de bolsillo en 2018.

Carl R. Rogers' Crisis: Subjectivity vs. Objectivity, publicado en Amazon como ebook y libro de bolsillo en 2018.

La crise de Carl Rogers: Subjectivité vs objectivité, publicado en Amazon como ebook y libro de bolsillo en 2018.

History of Zelaya Blandón Family, publicado en Amazon como ebook y libro de bolsillo en 2018.

Historia de la Familia Zelaya Blandón, publicado en Amazon como ebook y libro de bolsillo en 2018.

Roots of Crisis: Nicaragua 2018, publicado en Amazon como ebook y libro de bolsillo en 2018.

Racines de la crise: Nicaragua 2018, publicado en Amazon como ebook y libro de bolsillo en 2018.

Nicaragua selon Maurice Lemoine : gauche ou fondamentalisme? publicado en Amazon como ebook y libro de bolsillo en 2019.

Conferencias y entrevistas del autor

Para ver en directo mi conferencia de 13 minutos sobre el golpe de Estado en Chile (en inglés) durante el Foro Social en Ottawa el 22 de agosto de 2014: https://www.You Tube.com/watch?v=LJqi5bSLN0c

Para escuchar la entrevista de 30 minutos sobre el golpe de Estado en Chile (en inglés) que me hizo Christ Dayo a la radio de CHRY News Collective en septiembre de 2014: https://www.mixcloud.com/discover/ovide-bastien/

Para ver en directo mi homenaje de 5 minutos (en francés y inglés) en 2014 sobre la hermana Marie Denise Dubois, religiosa que dedicó su vida a los marginados en el Chile de Pinochet y en Honduras: Marie Denise Dubois ou l'autre visage de l'Église

Para ver en directo mi conferencia de 37 minutos sobre el golpe de Estado en Chile (en francés) durante el Foro Social Mundial en Montreal el 22 de agosto de 2016: Ovide Bastien| L'Égypte entre démocratie et dictature

Para obtener más información sobre el autor (https://www.amazon.com/kindle-dbs/author/ref=dbs_a_mng_awm_scns_share%3F_encoding=UTF8&asin=B015UHPY80)

Índices de materias

Honduras
Catacamas
Reserva
Biológica
Tawahka
Juticalpa
omayagua
Tegucigalpa
Danli
Reserva
Natural
Bosawás
CAS
CA1
Región de
Cinco Pinos
Estelí
Matagalpa
Nicaragua
Chinandega
León
1
Bluefields
3
Managua
Granada
Lago Cocibolca
Reserva
Biológica
Indio Maíz
San Juan
del Sur
Isa Ometepe
4
35
Google
Liberia

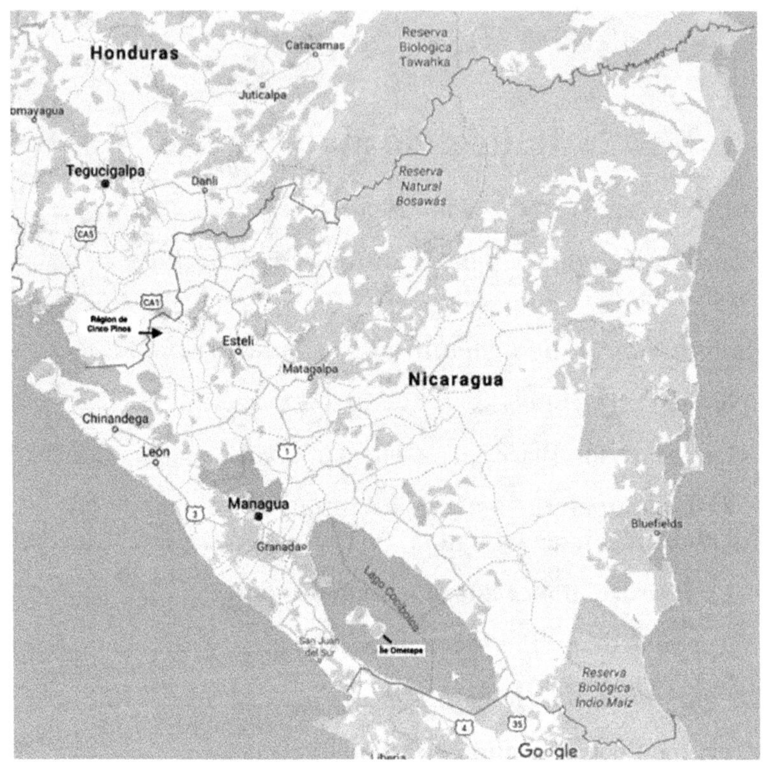

Nicaragua

Desprecio por el sufrimiento de un pueblo

Como señala el ex editor en jefe de *Le Monde Diplomatique*, Maurice Lemoine, en su artículo del 18 de enero de 2019 <u>Cuando quieres ahogar el ALBA, lo acusas de tener rabia</u>[1], es obvio que actualmente estamos presenciando un fortalecimiento de la derecha en América Latina y que Estados Unidos está tratando de apoyar y explotar este fortalecimiento. Esto se refleja en las palabras del Asesor de Seguridad Nacional de Estados Unidos, John Bolton, quien en noviembre de 2018 se refiere a una "troika de la tiranía" y un "triángulo del terror" al referirse a Cuba, Nicaragua y Venezuela - los tres miembros de la Alianza Bolivariana para los Pueblos de Nuestra América (ALBA).

Sin embargo, el análisis de Maurice Lemoine, que, basado en esta observación global, echa un vistazo, por un lado, muy benévolo al comportamiento del gobierno de Ortega-Murillo en Nicaragua y, por otro lado, muy crítico con el de los cientos de miles de manifestantes exigiendo la salida de Ortega-Murillo, me inquieta profundamente. Aunque demuestra un conocimiento notable de la situación actual en América Latina, creo que Lemoine, en su análisis de Nicaragua, muestra un fundamentalismo muy similar al que se encuentra tan a menudo en el mundo religioso.

Lectores que conocen poco sobre la historia de Nicaragua, salvo las características principales de la extraordinaria revolución sandinista de los años 80, el surgimiento de la

---

[1] *Mémoires de luttes*, consultado el 19 de enero de 2019.

derecha neoliberal de 1990 a 2006 y el regreso, en 2007, de un FSLN quien adopta el eslogan "solidario, socialista y cristiano" y la canción de John Lennon, Paz y amor, sin duda quedarán muy impresionados por la cantidad de hechos presentados por Lemoine para respaldar su tesis de que lo que sucedió en Nicaragua representa otro intento de golpe de Estado, financiado y apoyado por el imperio estadounidense y la derecha nicaragüense. Un intento hábilmente disfrazado como levantamiento popular espontáneo, masivo y pacifista, pero que, según Lemoine, no tiene nada de espontáneo, popular, y aún menos pacifista.

Lo que me preocupa y me inquieta en el análisis avanzado de Lemoine, no son los hechos y eventos que relata, sino los que omite. Y, sobre todo, es el DESPRECIO que atestigua por el inmenso sufrimiento de un pueblo cuya gran mayoría está hoy sumida en el luto, el sufrimiento, la inseguridad económica y el miedo.

Me considero de izquierda, pero quiero disociarme completamente del tipo de izquierda que parece encarnar a Maurice Lemoine. Y en lo que sigue, trataré de explicar por qué.

Quiero dejar en claro que, aunque el análisis de Lemoine no solo se enfoca en la situación de Nicaragua - habla mucho sobre Venezuela, sobre la situación global en América Latina e incluso sobre los chalecos amarillos en Francia-, voy a limitarme estrictamente a sus observaciones en relación con Nicaragua, un país que visité anualmente durante los últimos 23 años - de 1995 a 2011, acompañando a estudiantes del programa de Estudios del Norte del Sur de Dawson College, y de 2012 a 2018 administrando, de manera voluntaria, proyectos de desarrollo - y del que tengo un conocimiento más profundo.

La apuesta política: ¿puede la izquierda ser crítica sin traicionar?

Detrás de esta crítica del análisis de Maurice Lemoine sobre la situación nicaragüense, la pregunta para toda la izquierda política es ¿cuándo y cómo puede uno criticar a un gobierno progresista (o incluso revolucionario) sin hacer el juego del "enemigo" o de las fuerzas de derecha, del imperialismo o de los Estados Unidos?

En cualquier conflicto, es obvio que cualquier posición, crítica o análisis puede (y será) recuperado por uno u otro de los oponentes si cree que puede usarlo para apoyar su causa. Entonces, ¿cómo se puede mantener el derecho a permanecer crítico y a no estar subordinado, de manera servil y obligatoria, a cualquier poder que diga ser progresista, de izquierda, revolucionario o bolivariano? ¿Cómo se puede evitar convertirse en los portavoces o defensores incondicionales de aquellos que recibieron apoyo en el pasado y que ahora ejercen el poder, incluso "en nombre de la gente", pero utilizando mera represión?

Un caso límite ilustrará mi cuestionamiento. Robert Mugabe, líder militar de la Unión Nacional Africana de Zimbabwe (ZANU), uno de los dos movimientos de liberación armados que luchan contra las autoridades coloniales de Rhodesia del Sur, es elegido primer ministro en las elecciones democráticas supervisadas internacionalmente en marzo 1980. Se convertirá en presidente de Zimbabwe en 1987 al transformar el país en un régimen presidencial de partido único. Y dirigirá Zimbabwe de una manera cada vez más autoritaria (¿dictatorial?) hasta la venerable edad de 93 años, cuando finalmente en 2017 se ve obligado a renunciar para evitar ser expulsado legalmente. Este líder político, revolucionario en 1980, mantuvo el poder ininterrumpidamente (y absolutamente) durante 37 años. Al final de su reinado, se había convertido en una caricatura patética (para él) y en un dictador dramático (para su pueblo) listo para hacer cualquier cosa para aferrarse al poder (y luego legarlo a su segunda esposa). ¿Cuándo se volvió legítimo (o incluso necesario) criticar a un gobierno que inicialmente fue revolucionario? ¿Hasta qué punto y cuánto tiempo podemos "gobernar por el pueblo" cuando la mayoría ya no quiere este gobierno, desear el bien del pueblo e imponer este 'bien' por la fuerza y la represión?

Preguntas que no son simples y que me parecen aplicables en el caso específico de Nicaragua que conozco desde hace mucho tiempo, donde tengo amigos y lazos profundos a ambos lados de la barricada, y donde, en los últimos años, la mayoría de los líderes comunitarios y alcaldes con los que trabajé en la gestión de numerosos proyectos de desarrollo, no eran solo sandinistas sino también lo que los nicaragüenses a veces se refieren como orteguistas, es decir, partidarios del liderazgo de Daniel Ortega.

Los comentarios de Lemoine y mi crítica

Primero, reproduciré las principales observaciones de Lemoine con respecto a Nicaragua; después, haré la crítica.

Esta crítica se basará en el criterio que el propio Lemoine considera fundamental en todos los informes. Siempre es necesario, insiste, saber cómo calificar y ser precisos, situar los eventos en su contexto y evitar retener solo aquellos que corresponden a nuestros dogmas y elecciones. Y es precisamente, según Lemoine, lo que la prensa convencional ya no hace.

> "La gran mayoría de la noble casta mediática ha olvidado desde tiempo el significado de la palabra "contextualizar", señala Lemoine. Y da como ejemplo la cobertura mediática de la crisis nicaragüense que "no fue ni demasiado matizada ni precisa, con una facción mayoritaria del 'periodismo' que ha tomado el fatídico hábito de ignorar la parte de la realidad que no apoya sus dogmas y elecciones."[2]

Es difícil cuestionar el criterio de Lemoine de lo que debe caracterizar cualquier informe riguroso e intelectualmente honesto. Pero veamos cómo el propio Lemoine pasa la prueba de este criterio en su tratamiento mediático de la crisis nicaragüense.

---

[2] "Cuando quieres ahogar el ALBA, lo acusas de tener rabia," *Mémoires de luttes*, consultado el 19 de enero de 2019.

Número de víctimas

Cuando escuché en YouTube el informe del 20 de diciembre de 2018 a Washington del Grupo Interdisciplinario de Expertos Independientes (IEG), en un momento me eché a llorar. Esto puede deberse a algo del dolor que aún sentía después del reciente reemplazo de mis dos rodillas. Pero creo que se debe principalmente a la inmensa tristeza que sentí por el sufrimiento del pueblo nicaragüense, bien descrito en el informe. Y también al testimonio de una amiga nicaragüense que, de regreso en Montreal después de pasar dos meses con su familia campesina en Nicaragua, me contó:

> "Ovide, nadie en mi familia ni en mi región está hablando de lo que está sucediendo en Nicaragua. La gente vive con miedo."

Pocos días después, cuando, durante una conversación telefónica, intenté explicarle a un amigo, un hombre progresista y que siempre demuestra una tremenda generosidad para los marginados, lo que había sentido al escuchar el informe de la GIEI, inmediatamente me interrumpió:

> "Ovide, detente ahí. No quiero saber nada sobre este grupo de expertos que trabajan para la OEA. Esta organización es de derecha y no confío en su informe; ¡No lo leeré!"

Aturdido, cambié inmediatamente el tema. Ni siquiera pude decirle que rompí a llorar mientras leía el informe.

Cuando era joven, mi campesina y fuertemente católica familia creía que un miembro de la familia no debía casarse con un protestante o con alguien de una religión que no fuera el catolicismo. Las cualidades humanas de una persona no católica, por extraordinarias que fueran, no importaban. Lo que importaba era que una persona se adhiriera a nuestra fe.

****

Al igual que mi amigo progresista, Lemoine no parece valorar el informe del GIEI. Tampoco parece valorar otros informes que, por lo fundamental, dicen lo mismo: el informe del Alto Comisionado de las Naciones Unidas *Violaciones de los derechos humanos y los abusos en el contexto de las protestas en Nicaragua del 18 de abril hasta al 18 de agosto de 2018*, y los informes preparados por la Comisión Interamericana de Derechos Humanos (CIDH), el Centro Nicaragüense de Derechos Humanos y Amnistía Internacional.

En su crítica del informe del GIEI, Lemoine cuestiona radicalmente el valor científico y la imparcialidad de la investigación en la que se basa. Este informe "sobre la violencia cometida entre el 18 de abril y el 30 de mayo" es de un rigor científico muy dudoso, dice, porque sus autores admiten que su investigación se basa únicamente en la entrevista "de familias de víctimas, 'supervivientes de la represión', exiliados, (...) artículos de prensa (¡medios de oposición!) y un análisis 'riguroso' de fotografías, más de tres millones de tweets y diez mil videos publicados por oponentes en redes sociales."

Lemoine cuestiona el número de víctimas reportadas por el GIEI. Se ha demostrado, dice, y "con pruebas irrefutables", que "253 víctimas de homicidio, delitos comunes, accidentes de tráfico, suicidios, han sido añadidas por la oposición y las ONG locales conocidas como 'defensores de los derechos humanos' a la lista de víctimas, con el fin de manipular las opiniones nacionales e internacionales a través de los principales medios de comunicación."

El número de víctimas reportadas por el GIEI, el Alto Comisionado de las Naciones Unidas y las ONG de derechos humanos es de poca importancia para Lemoine; su fe (su convicción político-ideológica) está en otra parte. Cree en el gobierno de Ortega. Cree la narrativa que la crisis habría causado solo 197 muertes, y que la oposición, las ONG nicaragüenses y las organizaciones internacionales inflaran intencionalmente esta cifra con el fin de desacreditar el gobierno de Ortega, añadiendo todas las demás víctimas del derecho común - suicidios, accidentes de tráfico, etc.

Pero qué hecho, ¿que podría agregarse a la calidad y la precisión del tratamiento mediático de Lemoine, y demostrar que no ha olvidado el significado de la palabra "contextualizar", pasa en silencio porque no va en la dirección de sus dogmas y sus elecciones?

El hecho, absolutamente fundamental, de que cuando el GIEI, las organizaciones nicaragüenses de derechos humanos, el Alto Comisionado de las Naciones Unidas pidieron repetidamente al gobierno de Ortega en los meses de la crisis que les proporcionara la información sobre el número de muertes, heridos, y personas desaparecidas, los nombres de los fallecidos y las circunstancias en que fallecieran, para que pudieran comparar y, si fuera necesario, corregir sus propios datos, el gobierno siempre se ha negado rotundamente, solo para dar a conocer los nombres de las 22 víctimas de las fuerzas policiales.

> "¿Por qué el silencio y el secreto con respecto a las otras 301 muertes, señala Carlos Fernando Chamorro? Y por qué el gobierno de Ortega, por un lado, se niega a cooperar con la CIDH, no les proporciona su lista de muertes para que se pueda hacer una comparación entre la lista del gobierno y la de la CIDH, y, por otro lado, acusar a la CIDH de producir un informe sesgado, ¿que combina las

muertes relacionadas con la protesta cívica con las resultantes de delitos comunes?"[3]

Desafortunadamente, señala el GIEI en la introducción de su informe, nuestra investigación se debilitó debido a la falta de colaboración de los "órganos del Estado de Nicaragua, que no proporcionaron los documentos solicitados ni respondieron a las solicitudes de reuniones con el GIEI." Por eso tuvimos que limitarnos, con pesar, a la entrevista a las víctimas, al análisis de artículos de prensa, etc.

Pero Lemoine, en lugar de denunciar esta falta flagrante de colaboración del gobierno de Ortega, que cuestiona su credibilidad, hace exactamente lo contrario. Culpa al GIEI y lo acusa de su falta de rigor científico e imparcialidad, precisamente porque su investigación se basa únicamente en la entrevista de "familias de víctimas, 'sobrevivientes de represión', exiliados, (...) artículos de prensa (medios de oposición!) y un análisis riguroso de las fotografías, más de tres millones de Tweets y diez mil videos publicados por la oposición en las redes sociales".

Como periodismo de investigación, ¡hubiéramos esperado más calidad de Lemoine! Reportar como debilidad el hecho de que los investigadores del GIEI no usaron los datos del gobierno, mientras que sistemáticamente se negó a proporcionarlos, es faltar, de manera grosera, de honestidad intelectual. Esto va en contra de las exigencias que él mismo acusa a los medios de comunicación de no respetar: precisión, matices, "contextualización" y, sobre todo, no omitir las partes de la realidad que no van en la dirección de sus dogmas y sus elecciones.

---

[3] "Los "falsos positivos" de la matanza de Ortega," *Confidencial*, el 20 de agosto de 2018, consultado el mismo día.

Grupos paramilitares pro-Ortega

Lemoine afirma que "no hubo intervención de los paramilitares" en Nicaragua, sino más bien "el comienzo de una 'guerra civil', en la gran tradición nicaragüense, que involucra excesos asesinos de ambos lados". Después de mencionar las manifestaciones estudiantiles de abril de 2018 contra la reforma del Instituto Nicaragüense de Seguridad Social (INSS), reforma abandonada rápidamente por Ortega, continúa, describiendo en los siguientes términos el comienzo de lo que describe como guerra civil:

> "Es entonces con un Consejo Superior de la Empresa Privada (Cosep) escondido tras la fachada de los estudiantes «*autoconvocados*», más proclives a provocar simpatía, que una heterogénea Alianza Cívica, compuesta por sectores cada uno con su propia agenda política, exige de repente - olvidando al INSS - 'la salida de Ortega'. Y que, sobre el terreno, la situación está empeorando. Disparos de armas de fuego y morteros artesanales, incendios, barricadas (los "*tranques*"), saqueos, destrucción de edificios oficiales y privados: la violencia insurreccional, que no es 'estudiantil', ni 'pacífica' ni 'espontánea', causa tantas víctimas civiles y policiales como la represión que responde a ella. Sin conmover a los perros guardianes de los medios de comunicación. Cualquier voz que se desvíe de la narrativa 'oficial' se elimina automáticamente." [4]

Que la gran mayoría de observadores, tanto nicaragüenses como internacionales, reconocen que el elemento clave que desencadenó el levantamiento popular masivo contra el

---

[4] "Cuando quieres ahogar el ALBA, lo acusas de tener rabia," *Mémoires de luttes*, consultado el 19 de enero de 2019.

gobierno de Ortega fue la violencia brutal y letal de los paramilitares pro-Ortega contra los estudiantes, eso tiene poca importancia para Lemoine. ¡No solo no reconoce la existencia de tal violencia por parte de paramilitares pro-Ortega, sino que incluso niega la existencia misma de estos paramilitares!

En el origen de esta "guerra civil", Lemoine identifica más bien "violencia insurreccional". Los manifestantes estudiantiles, para él, representan solo una fachada, "más proclives a provocar simpatía", para ocultar un intento de derrocar al gobierno de Ortega: nada más. Y la demanda, proveniente de cientos de miles de manifestantes, para la partida de la pareja Ortega-Murillo, solo refleja un complot, una parte integral del auge de la derecha en América Latina, para derrocar al gobierno.

Que ya el 21 de mayo de 2014[5] los obispos de la Iglesia católica nicaragüense acusaban al gobierno de Ortega del hecho de que su policía permanecía ociosa cuando grupos paramilitares progubernamentales atacaron violentamente a manifestantes pacíficos, lo que podría 'contextualizar' la crisis de abril de 2018 y ayudar a sus lectores a comprender mejor sus raíces profundas, a Lemoine no le importa. Su fe está en Daniel Ortega.

Que las ONG nicaragüenses, la CIDH, Amnistía Internacional y el GIEI reconocen y deploran la existencia de paramilitares pro-Ortega, no impresiona a Lemoine.

Que el Alto Comisionado de las Naciones Unidas (ACNUDH) afirma, en su informe del 29 de agosto de 2018, que "la información obtenida por el ACNUDH indica claramente que los elementos armados a favor del gobierno de Ortega, incluidos los conocidos como 'fuerzas de choque', u 'hordas', han actuado, a menudo de manera conjunta y

---

[5] "En búsqueda de nuevos horizontes para una nicaragua mejor", consultado el 15 de agosto de 2018.

coordinada con la policía nacional, y con la aprobación de muchas autoridades estatales (...) y han participado en redadas y ataques contra manifestantes y detenciones ilegales", eso tampoco impresiona a Lemoine.

Y que incluso el hermano de Daniel Ortega, Humberto, quien dirigió el ejército revolucionario sandinista durante todos los años de la revolución y en los primeros años del gobierno de Violeta Chamorro, reconoce y lamenta la existencia de estos paramilitares,[6] eso tampoco impresiona a Lemoine. No. Su fe está en otra parte. Cree la narrativa de Daniel Ortega, quien, durante las semanas posteriores al estallido de la crisis, ha mantenido en las numerosas entrevistas que ha dado a Fox News, CNN, Telesur, Euronews, etc. que tales paramilitares progubernamentales no existían.

Que el GIEI, el Alto Comisionado de las Naciones Unidas, la CIDH, así como todas las ONG nicaragüenses e internacionales afirman claramente que la mayoría de las víctimas están del lado de los manifestantes, esa información tiene poca importancia para Lemoine. Su fe está en otra parte. Cree las afirmaciones del gobierno de Ortega quien dice que ha habido una cantidad semejante de víctimas en ambos lados. Sabe, en su fe izquierdista profundamente revolucionaria, que Daniel Ortega tiene razón. Sabe que la derecha distorsiona sistemáticamente la realidad y que la verdad está en Ortega. Respalda la afirmación del gobierno de Ortega de que la "CIDH manipuló la información, convirtiendo un intento de golpe de Estado en una supuesta protesta pacífica, omitiendo deliberadamente que las personas asesinadas en su mayoría son policías, funcionarios del Estado, militantes sandinistas y civiles ajenos al conflicto.[7]

---

[6] "El mundo ya sabe lo que pasa en Nicaragua", *Envío*, agosto de 2018, consultado el 1 de septiembre de 2018.

[7] "Gobierno de Ortega ataca a la CIDH," Yader Luna, *Confidencial*, el 19 de agosto de 2018, consultado el 21 agosto de 2018.

Washington otorga dinero para preparar y financiar el derrocamiento de Ortega

Lemoine informa de las sumas de dinero recibidas de Washington por los medios independientes y la sociedad civil en Nicaragua, dejando en claro que este dinero no tiene nada que ver con la justicia social y la paz y está destinado directamente a derrocar a Ortega:

> "Durante el período 2010-2020, la USAID – es decir Washington - asignó más de 68 millones de dólares a sus 'amigos' nicaragüenses, cantidad a la que se añadieron 7.995.022 dólares en 2016 para un 'programa de fortalecimiento de los medios'. Para llevar a cabo este proyecto, la Fundación Violeta Barrios de Chamorro (que lleva el nombre de la ex presidenta de la derecha) recibió 2.530.000 dólares. Por su parte, la NED está disparando todos sus billetes verdes, siendo los principales "clientes" Hagamos Democracia (525.000 dólares desde 2014) y el IEEPP (260.000 dólares durante el mismo período)." [8]

Sin embargo, Lemoine no menciona la cantidad de dinero recibido en los últimos años de Venezuela, unos $ 500 millones al año hasta recientemente, por parte de Daniel Ortega. Esta ayuda masiva, en forma de petróleo vendido en condiciones favorables, no fue dirigida al Gobierno de Nicaragua como tal. Fue privatizado, yendo directamente al FSLN, un partido político que, luego de la derrota de los sandinistas en 1990, se había vaciado gradualmente de su programa revolucionario, convirtiéndose cada vez más en el simple instrumento de la dinastía de la familia Ortega. [9]

---

[8] "Cuando quieres ahogar el ALBA, lo acusas de tener rabia," *Mémoires de luttes*, consultado el 19 de enero de 2019.

[9] Dora María Téllez, "El Frente Sandinista colapsó, ahora es la maquinaria política de una familia", *Envío*, enero de 2013, consultado el 15 de agosto de 2018.

Mientras que el 40% de la ayuda venezolana financió programas sociales loables a la vez que fortaleció el apoyo político del gobierno en las áreas rurales, el 60% restante se utilizó para enriquecer a la familia Ortega, que se convirtió, con sus muchos hijos y sus cónyuges, propietarios de grandes empresas, incluida la propiedad de la mayoría de los medios de comunicación de Nicaragua.[10]

Lemoine también ignora el hecho de que hasta hace poco el sector privado nicaragüense (Cosep) era un aliado muy cercano del gobierno de Ortega. ¡Sorprende que un aliado tan cercano de repente y por arte de magia decida unirse a una Alianza Cívica abigarrada para derrocar al gobierno!

También pasa por alto el hecho de que Ortega ha estado trabajando estrechamente con el FMI en los últimos años y ha abrazado las inversiones estadounidenses, europeas, canadienses y otras.

Uno se pregunta si la información anterior, omitida en el tratamiento mediático de Nicaragua por parte de Lemoine, permitiría a los lectores calificar y contextualizar las cosas. La asistencia recibida de Washington por los medios de comunicación independientes y la sociedad civil, modesta en comparación con la ayuda venezolana, ¿se debió realmente, como sugiere Lemoine, a la gran preocupación del sector privado nicaragüense y de los Estados Unidos acerca de ¿un gobierno 'socialista y revolucionario' que tuvo que ser derrocado para no dañar los intereses capitalistas nacionales y las inversiones estadounidenses?

---

[10] Daniel Inc: How Nicaragua's Ortega financed a political dynasty, David Adams y Wilfredo Miranda Aburto, Univision News, el 5 de mayo de 2018, consultado el 7 de septiembre de 2018. Ver también Carlos Chamorro y Carlos Maldonado, "Las cuentas secretas de Albanisa", *Confidencial*, el 5 de marzo de 2011, consultado el 7 de septiembre de 2018.

¿Por qué tratar de romper una puerta que ya está abierta? ¿Por qué atacar un modelo económico que tiene de socialista solamente el eslogan y que reproduce las grandes características del neoliberalismo, incluido el enriquecimiento de la élite gobernante?

¿La Iglesia Católica apoya intento de golpe?

Como hizo Ollantay Itzamna en su blog sobre Telesur el 11 de julio de 2018,[11] Lemoine ataca el papel desempeñado por los líderes de la Iglesia Católica durante la crisis nicaragüense. Sugiere claramente, como lo ha hecho muchas veces el propio Daniel Ortega, que la Iglesia católica ha apoyado un intento de golpe de estado, y critica mordazmente a sus líderes, citando a Jesús según el Evangelio de San Mateo:

> *"Ay de vosotros, escribas y fariseos, hipócritas, porque parecéis tumbas encaladas: por fuera tienen un aspecto hermoso, pero por dentro están llenas de huesos y de toda clase de cosas impuras. Así es como ustedes, por fuera, para la gente, tienen la apariencia de hombres justos, pero por dentro están llenos de hipocresía y maldad."*

Para demostrar "los vínculos directos de la jerarquía eclesiástica con el sangriento intento de desestabilización", Lemoine se refiere a la grabación de audio de una conversación privada del obispo auxiliar de la Arquidiócesis de Managua, Mons. Silvio Báez, con líderes campesinos, registrada sin el conocimiento del obispo y hecha pública por la comunidad cristiana San Pablo Apóstol, de la colonia 14 de septiembre (en el este de Managua)": Audio conspirativo del

---

[11] "¿Guerra santa en Nicaragua?", consultado el 20 de agosto de 2018.

obispo Silvio Báez, presentado esta mañana por la Comunidad Cristiana.[12]

¿Qué información, que podría ayudar a los lectores a aclarar, calificar y contextualizar el papel desempeñado por los líderes de la Iglesia Católica durante la crisis, es omitida por Lemoine? ¿Qué realidad ignora, posiblemente porque no va en la dirección de sus dogmas y sus elecciones?

Durante el diálogo nacional entre los manifestantes y el gobierno, que comenzó en mayo de 2018, el obispo de Estelí, el arzobispo Mons. Abelardo Mata, intervino de repente y con gran emoción:

> "Señor presidente, (…) ha comenzado, lo digo con dolor, una revolución no armada. Aquí no hay ejércitos contra ejércitos. Es una población que está manifestando todo lo que hace muchos años como obispos venimos recogiendo y que tuvimos la oportunidad de presentarle el 21 de mayo de 2014.[13] Si quiere usted desmontar la revolución, no es a fuerza de presión con balas de goma y de plomo, ni con fuerzas paramilitares. Es una petición, es una exigencia y que se escuche al pueblo y a los jóvenes."[14]

Más arriba, mencioné una de las quejas de la población nicaragüense a la que se refiere el obispo Mata, y que los obispos presentaron al gobierno de Ortega en mayo de 2014: el hecho de que la policía nacional a menudo permanecía

---

[12] https://www.youtube.com/watch?v=-fmPEh3ucA4, consultado el 25 de octubre de 2018.

[13] Los obispos nicaragüenses se reunieron con Daniel Ortega el 21 de mayo de 2014. Produjeron un documento, "En búsqueda de nuevos horizontes para una Nicaragua mejor", que presenta al público lo que le dijeron.

[14] "Así habló en el diálogo Juan Abelardo Mata, obispo de Estelí," publicado el 16 de mayo de 2018, YouTube, consultado el 9 de agosto de 2018.

ociosa, mientras que los paramilitares pro-Ortega atacaban violentamente a manifestantes pacíficos. Veamos brevemente algunas de las otras quejas, que pueden arrojar luz sobre las raíces profundas del levantamiento de abril de 2018.

Los obispos nicaragüenses critican el "trato inhumano cruel y degradante" al que son sometidos los presos, ciudadanos nacionales y extranjeros, especialmente en las cárceles de El Chipote, y exigen su cierre.

Argumentan que la política de empleo del gobierno solo favorece a sus partidarios, y que los empleados del estado, ya sea sandinista o no, a veces ven parte de su salario deducido en apoyo del FSLN. Afirman que estos empleados también deben participar en actividades partidistas del FSLN, de lo contrario corren el riesgo de perder sus empleos.

Destacan las quejas que reciben regularmente de las poblaciones indígenas que viven cerca de reservas naturales, como Indio Maíz, explotadas por compañías e individuos cercanos al gobierno, y esto de forma depredadora y en total desprecio de las leyes ambientales y "bajo la protección de autoridades municipales y nacionales corruptas".

En una clara referencia al dominio casi monopolístico de la familia Ortega sobre los medios, critican "la creciente monopolización de los medios".

Sin mencionar explícitamente los mensajes diarios de Rosario Murillo al público en los medios estatales, critican el uso de signos y valores religiosos en eslóganes y propaganda estatal: "se está pasando del Dios providencia al partido proveedor; se alimentan los falsos mesianismos y se está imponiendo una corriente ideológica político-partidaria a través de la cual se plantea un 'culto a Dios' que en realidad intenta disfrazar el endiosamiento de la criatura humana".

Denuncian, "la concentración de poder, la corrupción gubernamental, la confusión Estado-Partido, el sometimiento de los poderes del Estado a la voluntad del Ejecutivo, el irrespeto a las leyes, la falta de seguridad jurídica, el tráfico de influencias, la intolerancia política, el dominio sobre la casi totalidad de las alcaldías del país, hasta llegar a las últimas reformas constitucionales (…)". [15]

Cuando los jubilados, en 2013, se manifestaron masivamente contra el gobierno de Ortega, sufrieron, y esto en presencia de un policía cómplice, una brutal represión por parte de la Juventud Sandinista el 19 de julio, encapuchados y portando armas de fuego. El obispo auxiliar de Managua, Mons. Silvio José Báez, denunció de inmediato esta represión y describió la operación del gobierno como "terrorismo de estado".[16]

Luciana Chamorro y Emilia Yang, quienes dicen que este 'terrorismo de estado' de 2013 es un precedente del 'terrorismo de estado' de abril de 2018, describen este evento:

> "En la madrugada del 22 de junio, a las 4 de la mañana, el campamento fue atacado en presencia de al menos 30 efectivos de la Policía Nacional que resguardaban el edificio del INSS.
> Aproximadamente 300 encapuchados armados con armas hechizas vinculados a la Juventud Sandinista 19 de Julio (JS) llegaron al sitio en cuatro camiones de la Alcaldía de Managua, rociaron de gasolina el campamento, amenazaron de muerte y violación, desnudaron y agredieron, con palos, martillos, machetes y armas de fuego a más de 50 jóvenes y 35 viejitos. Además, robaron alrededor de $80,000 dólares en pertenencias personales de

---

[15] Los obispos nicaragüenses se reunieron con Daniel Ortega el 21 de mayo de 2014. Produjeron un documento, "En búsqueda de nuevos horizontes para una Nicaragua mejor", que presenta al público lo que le dijeron.

[16] "#OcupaInss, un precedente de Terrorismo de Estado", *Confidencial*, el 22 de junio de 2018, consultado el 5 de agosto de 2018.

los presentes y donaciones que se recaudaron hasta la fecha, incluidos siete vehículos. Los bomberos del Estado fueron avisados por carros que pasaron por el lugar y se negaron a socorrer a los jóvenes."[17]

Así como el obispo Báez había desempeñado un papel de liderazgo en la denuncia del terrorismo de Estado por parte del gobierno de Ortega contra los jubilados y los estudiantes que los apoyaron en 2013, desempeñó un papel de liderazgo aún más prominente al denunciar el terrorismo de estado practicado por Ortega en abril de 2018:

"Su protagonismo fue creciendo hasta que, **en las últimas manifestaciones, se convirtió en el máximo referente**. Primero, para animar a sus paisanos a pronunciarse con libertad. Después, para pedir que no entrasen en la dinámica perversa de violencia y muerte del régimen de Ortega. Ni siquiera, después de la sangre vertida de jóvenes e inocentes estudiantes, cuyo único delito fue pedir democracia y libertad.

"Y también lo sabe **el presidente Ortega, que lo ha colocado en su punto de mira**. Con ataques contra el obispo procedentes del Gobierno y orquestados a través de periodistas progubernamentales, medios de comunicación oficialistas, y cuentas anónimas en redes sociales, como Facebook y Twitter, donde precisamente monseñor Báez es muy activo desde hace años. Quizás sea uno de los mejores obispos de todo el mundo en la utilización de las nuevas tecnologías y de las redes sociales. (...)

---

[17] "#OcupaInss, un precedente de Terrorismo de Estado", *Confidencial*, el 22 de junio de 2018, consultado el 5 de agosto de 2018.

> "El Gobierno de Ortega repite y copia contra el obispo Báez las técnicas utilizadas por la ultraderecha salvadoreña contra el pronto nuevo santo, **monseñor Romero**, que terminaron en su asesinato. De hecho, acusan a monseñor Báez de ser "la cabeza de la subversión" y ya ha recibido varias amenazas de muerte."[18]

Si Lemoine se hubiera tomado la molestia de informarse más sobre la situación concreta en Nicaragua, en lugar de ver todo a través del prisma - la derecha surgiendo en América Latina que busca apoyar e instrumentalizar a los Estados Unidos - habría reconocido que los líderes de la Iglesia Católica en Nicaragua desempeñaron un papel profético y valiente durante la crisis de abril de 2018, mostrando una gran compasión por el pueblo y sus demandas. Y es por esta compasión y solidaridad que gozan de una alta credibilidad en la población, a diferencia del gobierno de Ortega, cuya credibilidad, como la economía, está cayendo día a día.

Y si se hubiera tomado la molestia de instruirse más sobre la historia reciente de Nicaragua, se habría enterado de que Daniel Ortega utiliza sistemáticamente, y eso desde hace ya muchos años, campañas de desprestigio para aplastar a todos los que denuncian sus faltas y se le oponen. Aquí hay un ejemplo, entre muchos otros.

En 1998, a la edad de 30 años, Zoilamérica, hija de Rosario Murillo, asombra a Nicaragua: declara que Daniel Ortega ha abusado sexualmente de ella desde la edad de 11 años y publica un archivo de 48 páginas que contiene los detalles de estos abusos. Poco después, el ex presidente de derecha, Arnoldo Alemán, es acusado de embolsarse una parte sustancial de la ayuda internacional de Nicaragua tras el Huracán Mitch. En los meses que siguen, Ortega logra

---

[18] José Manuel Vidal, "Silvio Báez, el obispo que hizo frente al 'comandante' Ortega," *Religión Digital*, el 5 de mayo de 2018.

concluir con su gran-teóricamente-enemigo político un pacto que, al asegurarles a ambos un asiento en la Asamblea Nacional para los próximos dos mandatos, les confiere años de inmunidad parlamentaria. Alemán escapa así a 20 años de prisión, y Ortega a las persecuciones judiciales de Zoilamérica.

Cuando el movimiento de mujeres, cuya autonomía en Nicaragua es particularmente fuerte, denuncia de manera repetida y pública, bajo el liderazgo de Sofía Montenegro, el pacto Ortega-Alemán y la impunidad obtenida en el caso Zoilamérica, Ortega lanza una campaña de desprestigio contra Montenegro. Durante meses, el sitio web de la oficina del presidente Ortega tiene en su página de inicio el título 'Un agente llamado Montenegro', cuyo hipervínculo hace referencia a un artículo en la revista personal de Rosario Murillo, un artículo que afirma que Sofía Montenegro es una agente de la CIA.

En octubre de 2008, un equipo de fiscales, con el apoyo de 40 agentes de policía, asaltaron la oficina del Centro de Investigación de Comunicaciones (Cinco), encabezada por Sofía Montenegro y Carlos Fernando Chamorro, se apoderaron de los archivos, las computadoras y los libros encontrado allí, alegando buscar evidencia de fraude y lavado de dinero. Acusación precisa contra Cinco: la distribución de dinero a un grupo de mujeres - ¡el mismo grupo que fue muy franco sobre su impunidad en el caso Zoilamérica! - que no tiene estatus legal.[19]

Otro ejemplo. Debilitado por la solidaridad expresada por los líderes de la Iglesia Católica hacia la población durante la crisis de abril de 2018, y especialmente por el liderazgo del

---

[19] Claudia Korol, "No a la injerencia extranjera. Solo el pueblo salva al pueblo", *Marcha*, el 26 de diciembre de 2018. Ver también Tina Rosenberg, "The Many Stories of Carlos Fernando Chamorro", *The New York Times Magazine,* el 20 de marzo de 2009, consultado el 20 de agosto de 2018.

Obispo Báez, Ortega utilizó de inmediato sus viejas y conocidas tácticas, es decir lanzar campañas de desprestigio contra sus acusadores.

Acusado de ser un asesino responsable de cientos de muertes y miles de heridos, Ortega reacciona acusando a la Iglesia Católica de tener la responsabilidad de estos trágicos eventos, porque actuó como cómplice de las manifestaciones masivas que describe como "un intento sangriento de golpe de Estado". La grabación de las palabras de Mons. Báez es parte de una campaña gubernamental mediática bien orquestada.

El día después de la publicación de la grabación de audio de Mons. Báez, a la que se refiere Lemoine, *Canal 4*, propiedad de la familia Ortega, hace un informe de diecisiete minutos. « Silvio Báez en planes golpistas, criminales y conspirativos contra el pueblo de Nicaragua » El informe comienza de la siguiente manera:

> "Silvio Báez ha confirmado su participación en actividades terroristas y el golpe de Estado contra el pueblo de Nicaragua. Personas que favorecen el aborto y narcotraficantes son algunas de las fortalezas que ha reunido para lograr su objetivo. La comunidad cristiana San Pablo Apóstol ha hecho pública la grabación de audio[20] en la que Silvio Báez confiesa sus crímenes."[21]

Lemoine no menciona el hecho de que el obispo Báez afirma que la grabación de audio fue manipulada, y que después de su publicación recibió "muchas amenazas, incluso de muerte, y que los paramilitares viajaban en motocicletas alrededor de

---

[20] Para escuchar el audio: Audio conspirativo del obispo Silvio Báez, presentado esta mañana por la Comunidad Cristiana, consultado el 25 de octubre de 2018.

[21] https://www.youtube.com/watch?v=Tb12CySCAeo, consultado el 25 de octubre de 2018.

su casa en la noche."[22] Se complace en citar a Jesús comparando al obispo Báez y los líderes de la Iglesia Católica nicaragüense con sus "escribas y fariseos hipócritas" que en el exterior tienen una apariencia hermosa, pero por dentro están llenos de "huesos y todo tipo de cosas impuras".

Un conocimiento más profundo de Nicaragua le permitiría comprender que esta cita de las palabras de Jesús se aplicaría más bien al comportamiento de la pareja Ortega-Murillo desde el estallido de la crisis, y en particular al de Rosario Murillo, quien en sus discursos diarios transmitidos por televisión a la nación, refleja un fanatismo religioso donde el amor cristiano por el prójimo va de la mano con la denigración sistemática de los manifestantes, retratados como golpistas, terroristas y fuerzas satánicas del mal.

Represión de medios independientes

Lemoine menciona la perquisición realizada por la policía el 14 de diciembre de 2018 de los "locales de los medios de comunicación en línea *Confidencial*, encabezados por Carlos Fernando Chamorro, el hijo de la expresidenta," pero no siente ninguna indignación. Por el contrario, parece considerar esta perquisición bastante normal y describe a Carlos como "el principal portavoz de la derecha" en Nicaragua. Este periodista independiente, continúa, quien "se ha beneficiado de la generosidad desinteresada de la NED durante años", es el propietario 'modesto' de "*La Prensa, Hoy, Confidencial, Esta Noche, Esta Semana* (empresas que jamás permitieron la existencia de un sindicato), el Centro de Investigación de Comunicación (Cinco) y la Fundación Violeta Barrios de Chamorro".

---

[22] Monseñor Silvio Báez dice que audio que lo señala como terrorista es manipulado, video de *Canal 10*, publicado el 25 de octubre de 2018, consultado el 8 de noviembre de 2018.

Lemoine tampoco se preocupa por el cierre del canal *100% Noticias* por la policía, unos días después de la perquisición en las oficinas de Chamorro, y del encarcelamiento de su propietario, Miguel Mora, y su jefe de prensa, Lucía Pineda. Para él todo esto parece normal, ya que están "acusados de provocación, incitación y conspiración para cometer actos terroristas".

Veamos cómo Lemoine, aquí nuevamente, no respeta el principio periodístico que tanto valora: saber cómo ser precisos, cómo calificar y, sobre todo, cómo contextualizar.

Empecemos con el cierre por parte del gobierno Ortega de *100% Noticias* y el encarcelamiento de Mora. ¿Quién es este periodista encarcelado por 'conspiración' y 'terrorismo'?

Durante años, el régimen de Ortega percibió *100% Noticias* como un canal de televisión cuasi gubernamental, aunque es privado. ¿Por qué? Debido a que Miguel Mora, su director, fue un activista del partido y promovió la agenda del FSLN en su canal. Si bien este canal, en el deseo de hacer periodismo profesional, ofrecía una programación diversificada y algunas veces presentaba críticas al gobierno, la pareja Ortega-Murillo lo consideraba uno de los suyos. El cambio dramático en la programación de *100% Noticias* tuvo lugar "solo al comienzo del levantamiento masivo en abril", señala Guillemo Cortés Domínguez. Concretamente después "del asalto de un equipo de sus periodistas y el robo de una cámara de televisión de gran valor", y la orden recibida del gobierno "para no informar más sobre la revuelta popular", seguido, cuando rechazó la orden, de la censura del gobierno que lo golpeó temporalmente. Fue entonces cuando Mora transformó la programación de este canal, que se convirtió cada vez más en la voz de quienes se movilizaron masivamente contra el gobierno.[23]

---

[23] "100 Noticias: una piedra en el zapato de la dictadura," *Confidencial*, el 24 de diciembre de 2018, consultado el 5 de enero de 2019.

Lemoine no menciona esta información 'contextual' y también ignora el hecho, lo que aumentaría enormemente la calidad y precisión de su análisis, de que Mora y Pineda, al igual que los otros 600 presos políticos, se enfrentan actualmente a juicios falsos que no respetan los criterios más básicos de un Estado de Derecho.[24]

Por lo tanto, se puede concluir que Lemoine no respeta su propio principio periodístico en el caso de *100% Noticias*.

Examinamos ahora su afirmación según la cual Carlos Fernando Chamorro es el "principal portavoz de la derecha" en Nicaragua, y, por supuesto, su falta de indignación frente a la represión que Chamorro ha sufrido.

¿Quién es Carlos Chamorro?

Antes de responder a esta pregunta, primero quiero señalar que, contrariamente a lo que afirma Lemoine, Carlos Chamorro, que yo sepa, no es el propietario de la Fundación Violeta Barrios de Chamorro, de la *La Prensa*, y *Hoy*.

Conocí a Carlos en 1976 cuando estudiaba mi maestría en economía en la Universidad de McGill y él estudiaba para obtener una licenciatura en la misma materia. En la Navidad

---

[24] En su informe, el GIEI afirma, página 230: "Centenares de personas que han participado en la protesta o son considerados opositoras están siendo sometidas a proceso penal. Según la presidenta de la Corte Suprema de Justicia hay, a finales de noviembre, 546 personas acusadas en 146 causas. Según la información disponible, tal como se analiza en el Capítulo X de este informe, estos procesos penales adolecen de graves violaciones al debido proceso, incluyendo detenciones y allanamientos sin orden judicial fuera de los supuestos previstos en la ley, la violación del plazo máximo de 48 horas previsto en la Constitución de Nicaragua para ser presentados ante un juez, el uso automático e infundado de la prisión preventiva, la formulación de acusaciones indeterminadas, investigaciones sesgadas que prescinden de medidas básicas, valoración irrazonable de la prueba, omisión de considerar las hipótesis favorables a la defensa que surgen de pruebas incorporadas, violación a la publicidad de audiencias pese a las disposiciones legales que así lo indican, entre otras."

de 1977, Carlos, hijo de Pedro Joaquín Chamorro y Violeta Chamorro, regresó a Nicaragua durante las vacaciones inter-semestre. El 10 de enero de 1978, su padre, propietario y editor de *La Prensa*, un diario muy crítico de la dictadura de Somoza, fue asesinado por el dictador. Este evento desencadena, durante el histórico funeral, una protesta masiva contra Somoza que acentúa y acelera el levantamiento armado. Carlos decide abandonar sus estudios en McGill y se queda en su país para unirse a la lucha contra Somoza hasta su derrocamiento el 19 de julio de 1979.

El gobierno sandinista funda rápidamente un periódico, *Barricada*,[25] quién actuará como portavoz de la revolución, y es Carlos quien asume la dirección, cargo que ocupará hasta principios de los noventa.

En 1994 Carlos fue destituido de su cargo como director de *Barricada*. ¿El motivo del despido? Aunque el FSLN acepta, luego de su derrota electoral en 1990, que *Barricada* rompe sus lazos con el FSLN, Daniel Ortega cambia de opinión cuando él mismo es criticado en el periódico. Llama a Carlos y exige que *Barricada* deje de criticarlo. Cuando Carlos se niega, Ortega lo despide inmediatamente.[26]

La salida de Carlos provoca una crisis en el periódico y más del 80% de los periodistas de *Barricada* renuncian. Reorganizada bajo el liderazgo de Tomás Borge, *Barricada* se declaró en quiebra cuatro años después.

Carlos proviene de una familia cuya mayoría de miembros, durante la revolución sandinista, apoyaron a la derecha e incluso a la Contra. Profundamente involucrado en el

---

[25] Wikipedia, consultado el 25 de octubre de 2018.

[26] Fue durante una conferencia dada a los estudiantes del programa de Estudios Norte-Sur de Dawson College en enero de 2006 que Carlos Chamorro explicó las circunstancias de su despido de *Barricada*. Para más información ver el libro Beyond the Barricades, (Ohio University Press, 2002) en el cual Adam Jones relata la historia de *Barricada*.

gobierno revolucionario como director de *Barricada*, era la oveja negra de esta familia. Mientras que *La Prensa*, en la que participaron su madre, Violeta, y su hermana, Christina, apoyaron la Contra, Carlos dirigió el periódico que apoyó la revolución. Y como esta división no solo estaba al nivel de las ideas, sino que conducía casi a diario a muchas muertes - la guerra desatada por la Contra en los años 80, alrededor de 40 000 muertes -, es evidente que Carlos ha vivido muchos años de sufrimiento familiar.

La sorprendente y dolorosa derrota electoral del FSLN en 1990 obligó al partido a comenzar una profunda reflexión sobre su dirección futura. La mayoría de los líderes históricos del FSLN argumentaron que el partido, que siempre había funcionado de manera caudillista, algo que podía entenderse en el contexto de una revolución armada, y luego una guerra iniciada por la Contra, debía ser democratizado. Daniel Ortega, director del partido, no estuvo de acuerdo y tomó el debate.

Así, la mayoría de los líderes históricos del FSLN, por ejemplo, Sergio Ramírez y Ernesto Cardenal, abandonaron el partido y decidieron fundar el Movimiento Renovador Sandinista (MRS), actualmente encabezado por Dora María Téllez.[27]

Carlos Chamorro, más cercano al MRS que al FSLN, decide continuar su trabajo como periodista profesional. En 1996 fundó la revista digital *Confidencial*, y poco después comenzó a presentar dos programas de televisión, *Esta Noche*, que se emitía de lunes a viernes, y *Esta Semana*, el

---

[27] El 7 de enero de 2019, cuatro patrullas policiales allanaron la casa de Dora María Téllez. Al igual que Ernesto Cardenal y Sergio Ramírez, Dora es una exlíder histórica de la revolución sandinista. Fue bajo su dirección que León, la primera ciudad en liberarse de Somoza en 1979, se liberó. Ver Wilfredo Miranda Aburto, Dora María Téllez: Allanar mi casa demuestra "desespere" de la dictadura, el 8 de enero de 2019, consultado el mismo día.

domingo por la noche. Estos programas lo convertirán rápidamente en uno de los periodistas más famosos y respetados de Nicaragua.

En sus programas, Carlos denuncia regularmente, como debe hacer cualquier buen periodista, los defectos del gobierno. Cuando Ortega, quien regresó al poder en 2007, sufre las críticas de Chamorro por fraude electoral y corrupción, Ortega, golpeado en el lugar donde aprieta el zapato, a menudo reacciona lanzando una campaña de desprestigio contra el mensajero.

Esto es lo que sucede en 2007, como lo relata Tina Rosenberg:

> "Otra historia que avivó la ira del gobierno fue un fragmento de *Esta Semana* en 2007 que captó en la cinta a un empresario al que se le solicitó un soborno de 4 millones de dólares en un asunto relacionado con una disputa de tierras con cooperativas campesinas. El mediador que iba a resolver los problemas legales era un confidente de Ortega. La respuesta inmediata del gobierno, comenta Rosenberg, fue atacar a los acusadores. El canal de televisión del gobierno acusó al empresario, a sus socios y a Chamorro de narcotráfico. La imagen de Chamorro apareció en la televisión junto a algunos empresarios al estilo de un cartel de "Se busca", con la siguiente lista de acusaciones: "Delitos: robar tierras, estafar a las cooperativas, intentar sobornar y exportar, falsificación de documentos."[28]

Durante el levantamiento popular de abril de 2018, Carlos busca, como *100% Noticias* y otros medios independientes,

---

[28] Tina Rosenberg, "The Many Stories of Carlos Fernando Chamorro", *The New York Times Magazine,* el 20 de marzo de 2009, consultado el 20 de agosto de 2018.

cubrir los eventos. Y los lectores de *Confidencial* están creciendo rápidamente, al igual que la audiencia de *Esta Noche* y *Esta Semana*, mientras que la mayoría de los canales de televisión, propiedad de la familia Ortega, están perdiendo audiencia y credibilidad.[29]

A mediados de octubre de 2018, Mikel Espinoza, jefe de redacción del periódico digital del gobierno *El 19 Digital*, está harto y deja el cargo, refugiándose en Costa Rica. Para él, la gota que rebalsó el vaso es la trágica muerte de toda una familia, incluidos dos niños, en un incendio provocado por fuerzas paramilitares pro-Ortega. Más precisamente, en sus propias palabras, "Ese llanto de esos niños cuando estaban quemándose, y la manipulación del Gobierno. (…) Había visto tanta gente morir, tantos niños, tantas cosas en las que no estaba de acuerdo".[30]

Mikel es uno de los cerca de 50 periodistas que se han visto obligados a abandonar Nicaragua. Entrevistado por Patricia Martínez en Costa Rica, afirma haber recibido la orden del gobierno, a principios del levantamiento de abril de 2018, para no informar de los hechos:

> "La orden de la "compañera", como le llaman a Murillo, (…) fue que el principal objetivo de los medios era 'no informar' acerca de lo que acontece en el país. Lo único que se iba a informar, eran los comunicados de la Policía Nacional y lo que dijera la compañera, todo lo oficial."

> "Espinoza aseguró que como periodista sintió un 'golpe tremendo' al ver que la política de los medios oficialistas era omitir información,

---

[29] Mildred Largaespada – "Nicaragua: La batalla por la opinión pública", *Confidencial*, el 3 de agosto de 2018, consultado el mismo día.

[30] Patricia Martínez, La orden de no informar, *Confidencial*, el 23 de octubre de 2018, consultado el 30 de octubre de 2018.

comenta Martínez. Confesó que había ataques en los que participaba la Policía, personas afines al Gobierno y que ellos como medios oficialistas tenían que decir que era la 'derecha'. "Aún cuando estaban las imágenes y los testigos que decían que quienes atacaban era la Policía, nosotros teníamos que decir que era la derecha. (…) Todo el que se oponga al Frente Sandinista, a Daniel Ortega, es (calificado de) derecha."[31]

Que, en este contexto, el gobierno de Ortega busca eliminar el mensaje reprimiendo al mensajero, como hizo Somoza en la década de 1970, es muy preocupante. Sin embargo, también es igualmente perturbadora la actitud de un izquierdista como Maurice Lemoine, quien, en lugar de condenar esta represión, la encuentra normal.

El día que supe que las oficinas en las que Carlos Chamorro producía *Confidencial*, *Esta Noche* y *Esta Semana* habían sido asaltadas por la policía, y que las computadoras y los discos duros que estaban allí habían sido incautados, estaba en shock. Y cuando, unos días después, supe que Carlos tuvo que refugiarse, con su esposa, en Costa Rica, porque recibió amenazas y temió por su vida, sentí una gran tristeza.[32] Al igual que la que experimenté en enero de 1978, cuando supe que Somoza acababa de silenciar, por el asesinato, al periodista nicaragüense más famoso que lo criticó, el padre de Carlos, Pedro Joaquín Chamorro.

Domingo 27 de enero de 2019, y por primera vez en 20 años, los nicaragüenses y las nicaragüenses no pudieron ver a las 8:00 pm el popular programa de noticias de televisión *Esta*

---

[31] Patricia Martínez, La orden de no informar, *Confidencial*, el 23 de octubre de 2018, consultado el 30 de octubre de 2018.
[32] Carlos Chamorro, Periodismo independiente desde el exilio, *Confidencial*, le 20 janvier 2019, consulté le même jour.

Semana. El *Canal 12*, que transmitió en los últimos años este programa, ahora está también en la mira de Ortega.

¿Debemos felicitar a Maurice Lemoine por ser preciso, matizado y por no olvidar el significado de la palabra 'contextualizar' cuando llama a Carlos Fernando Chamorro "portavoz principal de la derecha" en Nicaragua? ¿Debemos felicitarlo por no haber omitido la parte de la realidad que no está en consonancia con sus dogmas y sus elecciones?

Reunión de la OEA sobre Nicaragua y el Affaire Solís

Acogiendo con satisfacción el hecho de que el gobierno de Ortega, en "sus aspiraciones de justicia social y de respeto a la democracia les hacen rechazar la parodia impuesta por unos 'progresistas' que acreditan las tesis de Donald Trump, la OEA, los presidentes de extrema derecha de Brasil y Colombia, Jair Bolsonaro e Iván Duque, la Unión Europea y los medios de comunicación dominantes", Lemoine critica la reunión especial convocada por la OEA el 11 de enero de 2019 para discutir sobre Nicaragua:

> "El 11 de enero, al final de una 'sesión especial' convocada por Almagro, la OEA activó la Carta Democrática contra Nicaragua. No hubo ningún voto que apoyara esta decisión, no se anunció ninguna fecha para una reunión de la Asamblea General en la que se tendría que obtener un voto favorable de 24 de los 34 países, cifra que nunca se pudo alcanzar en el caso de Venezuela. En este país, siguiendo al pie de la letra el escenario escrito por el eje Trump-Almagro-Duque-Bolsonaro, el nuevo presidente de la Asamblea Nacional, Juan Guaidó (Voluntad Popular), pidió el 11 de enero 'el apoyo de la ciudadanía, del ejército y de la comunidad internacional' para asumir la función de jefe de Estado 'usurpado' por Nicolás Maduro.

> Almagro ya lo ha reconocido como 'presidente interino' de Venezuela."[33]

Obviamente, Lemoine ve un paralelo entre la crisis nicaragüense de abril de 2018 y los eventos recientes que sacuden a Venezuela. Aquí y allá, la derecha continental se está afirmando y está fuertemente apoyada, según él, por los Estados Unidos. Aquí y allá, el gobierno aspira a la "justicia social y al respeto por la democracia", y rechaza la "parodia impuesta por los 'progresistas' que acreditan las tesis de Donald Trump, la OEA, los presidentes de extrema derecha de Brasil y Colombia, Jair Bolsonaro e Iván Duque, la Unión Europea y los medios de comunicación dominantes."

Como señalé al comienzo de este artículo, me limitaré, en mi crítica a Lemoine, a lo que dice sobre Nicaragua, un país que visité anualmente por muchos años y que conozco en profundidad. Sabiendo poco sobre Venezuela, excepto lo que todos pueden aprender leyendo periódicos, me abstendré de emitir un juicio sobre su análisis de este país.

Al final del artículo que estoy comentando, Lemoine reproduce una entrevista que realizó el 8 de enero de 2019 con el Ministro de Relaciones Exteriores de Nicaragua, Denis Moncada Colindres. Moncada afirma que Luis Almagro, secretario general de la OEA, es "solo un agente de los Estados Unidos, del Imperio Americano" y que su único objetivo es "seguir las órdenes de los Estados Unidos, quienes, viendo, sin agrado, al presidente Ortega gobernar a favor de la gran mayoría, busca desestabilizar el país y cambiar el gobierno por medios ilegales".

El 11 de enero de 2019, en la sesión especial de la OEA sobre Nicaragua, Moncada pronuncia un discurso de 40 minutos en el que argumenta con uñas y dientes que su país fue víctima de un intento de golpe, pero no menciona un hecho, que

---

[33] "Cuando quieres ahogar el ALBA, lo acusas de tener rabia," *Mémoires de luttes*, consultado el 19 de enero de 2019.

ocurrió solo tres días antes, y que representa un verdadero terremoto para la pareja Ortega-Murillo: la sorprendente renuncia de uno de sus aliados más cercanos y fieles, Rafael Solís.

Solís ha desempeñado un papel clave para la pareja presidencial durante varios años: es quien, en 1999, ayudó a Ortega a hacer un pacto con el expresidente, Arnoldo Alemán. Ambos enfrentaban cargos criminales: Alemán 20 años en la cárcel por fraude y malversación y Ortega por haber abusado sexualmente de su hijastra adolescente, Zoilamérica, durante varios años. El pacto les aseguró a ambos un asiento en la asamblea nacional para los próximos dos períodos, lo que les proporcionó años de inmunidad parlamentaria. Mientras Zoilamérica no podía llevar a Ortega a los tribunales, Alemán se libró del fraude y la malversación. Además, el pacto le dio a Ortega una influencia considerable sobre la Corte Suprema y el Consejo Supremo Electoral, algo que le sería muy útil en el futuro; podría usar jueces para perseguir a sus opositores políticos, y al Consejo Supremo Electoral para mantenerse en el poder cometiendo un fraude electoral masivo. Una tercera y muy importante ventaja para Ortega: el pacto redujo el porcentaje necesario para ganar la presidencia en la primera vuelta al 35 por ciento del voto popular (antes era el 45 por ciento). Ortega sabía que su base de FSLN representaba aproximadamente el 35 por ciento. Al hacer un pacto con un hombre como Alemán, cuya gran corrupción había ocasionado una división en el Partido Liberal, no solo redujo considerablemente el porcentaje necesario para ganar una elección sino que también profundizó el conflicto existente dentro del Partido Liberal. ¡Dos pájaros de un tiro!

Solis también fue padrino de boda de Ortega y Murillo en 2005. Fue él quien tramó para que Ortega pudiera presentarse a las elecciones de 2016, aunque la Constitución no lo permite formalmente.

El 8 de enero de 2019, Rafael Solis, este aliado muy cercano de la pareja presidencial va a Costa Rica y publica una carta anunciando su renuncia inmediata al Tribunal Supremo de Justicia de Nicaragua, así como al FSLN, en el que ha estado luchando durante más de 43 años. Las razones que da para explicar su gesto son contundentes: la narrativa de Daniel Ortega y la vicepresidenta Rosario Murillo de que el levantamiento popular de abril de 2018 refleja un intento de golpe de Estado, orquestado y financiado por la derecha nicaragüense con apoyo financiero y mediático de los Estados Unidos, es falso. Esta pareja es responsable de la mayoría de los muertos, heridos, y presos políticos, y de la caída libre en que se encuentra actualmente la economía nicaragüense. Se comporta como una monarquía absoluta, que controla todas las instituciones estatales, incluido el poder judicial e incluso la Corte Suprema de Justicia. Al permanecer obstinadamente en el poder mediante la represión, al silenciar a los medios independientes, al rechazar el Diálogo Nacional bajo la mediación de la Iglesia Católica apoyada por la gran mayoría de los nicaragüenses, Ortega y Murillo siembran las semillas de una posible guerra civil.[34]

Si uno puede entender, sin excusar necesariamente, el hecho de que Denis Moncada haya pasado por alto en su discurso ante la OEA un evento tan importante e impactante como el Affaire Solís, es difícil entender el silencio de Lemoine sobre este evento tan capital que pone en duda su tesis principal en relación a Nicaragua.

****

El conductor del taxi, que me llevó del Hostal Santa Maria a Bufé Laprado en Managua el 31 de enero de 2017, ofrece una perspectiva diferente a la de Moncada y Lemoine para interpretar el levantamiento popular que se produciría unos

---

[34] Yader Luna, *Rafael Solís: primera fractura en el orteguismo*, *Confidencial*, el 12 de enero de 2019, consultado el mismo día.

meses más tarde, en abril 2018. A diferencia de Lemoine, no admira las "aspiraciones de justicia social y respeto por la democracia" del gobierno de Ortega. Y a diferencia de Moncada y Lemoine, no ve a Estados Unidos como el corazón del problema, supuestamente porque "ven sin agrado el régimen Ortega gobernando para la gran mayoría".

"Luché con los sandinistas para derrocar a Somoza. ¿Por qué estábamos luchando? Porque Somoza usó el fraude para ganar las elecciones. Porque poseía una parte considerable de la tierra y muchas de las grandes empresas en Nicaragua. Porque controló a la Guardia Nacional y básicamente se colocó por encima de todas las leyes. Porque usó la fuerza para aplastar a toda oposición.

"¿Y qué tenemos hoy? El mismo líder con el cual luchamos para liberar a Nicaragua de la dictadura de Somoza, una guerra que resultó con más de 40,000 muertes, ahora está haciendo lo mismo que Somoza. Usa el fraude masivo para ganar elecciones. Es dueño de muchas de las grandes empresas en Nicaragua, incluyendo la mayoría de las estaciones de televisión y radio, y periódicos. Controla la Corte Suprema y el Consejo Supremo Electoral. Usa la fuerza para aplastar a toda oposición. Si un amigo de Daniel Ortega decide que quiere tu casa, tienes problemas. Hay poco que uno puede hacer para evitar que eso suceda. No hay estado de derecho en la Nicaragua actual.

"No voté en las recientes elecciones. Estaría dispuesto a ir a la guerra una vez más para deshacerme de esta dictadura."

Hay que reinventar la izquierda

Creo que el análisis de Maurice Lemoine de la situación en Nicaragua refleja una forma de arrogancia y un complejo de superioridad intelectual. Como mencioné al principio de este artículo, lo que me molesta y me inquieta no son los eventos y los hechos que informa, sino los que omite. Y, sobre todo, es el DESPRECIO que atestigua frente al inmenso sufrimiento de un pueblo cuya gran mayoría está hoy sumida en el luto, el sufrimiento, la inseguridad económica y el miedo.

Lemoine, en su artículo, establece un paralelo entre lo que ha estado sucediendo en Nicaragua desde abril de 2018 y la crisis actual en Venezuela, un país que ha estado en los titulares en las últimas semanas. Como señalé anteriormente, no sé mucho sobre este último país, por lo que me abstendré de emitir un juicio acerca de su análisis. Sin embargo, espero sinceramente que el conocimiento concreto de Lemoine sobre Venezuela y las raíces de su crisis vayan más allá de lo que demuestra en relación con Nicaragua.

Como comenta Ángel Sadomando en la edición chilena de Le Monde Diplomatique de julio de 2018, la izquierda, en su análisis de la situación nicaragüense, debe tener cuidado de que sus ideas y convicciones, en lugar de fomentar la comprensión, no actúen más como un obstáculo para ella, convirtiéndose en un par de anteojos que le permiten ver solo ciertos hechos, y no muchos otros, incluso fundamentales:

"Nicaragua en medio de su drama vuelve a abrir un debate sobre lo que es aceptable y lo que no, qué argumentos explican lo que ocurre y si esto justifica esto o aquello. Cada uno filtra según sus inclinaciones, pero lo que es difícil de comprender es que gente que pretender ser informada ignore realidades básicas. Cada vez que se evidencia la fiebre rompen el termómetro si es que no le pegan al mensajero," afirma Ángel Saldomando.

Y continúa:

"La subordinación a un cuerpo de afirmaciones, dogmático-religioso, genera una insuperable contradicción entre los dueños de la verdad y los demás. Y si con ello se justifica sin límite todo tipo de prácticas la puerta está abierta para llegar a todo tipo de aberraciones. La historia está plagada de estas situaciones, igualmente las filas de los justificadores de la realidad han sido bien nutridas. Siempre son mentiras del otro. Así se negaron los campos de concentración, las represiones de masa y los regímenes despóticos, cualquiera fuera su bandera, bastaba que estuviera de nuestro lado para darle absolución ideológica y la justificación correspondiente."[35]

Cuando escribí mi reciente libro *Raíces de la crisis: Nicaragua 2018*, una fuente en particular me conmocionó profundamente. Su autor, un joven manifestante nicaragüense, no se atrevió a dar su nombre, solo firmó Juanónimo. Hoy puede estar muerto, herido o refugiado en Costa Rica.

Como el testimonio de Juanónimo refleja la esencia de lo que me llevó a escribir esta critica de Maurice Lemoine, lo reproduzco por completo a continuación.

---

[35] "Nicaragua: otra vez poder y sangre," Angel Saldomando, Le Monde diplomatique, edición chilena, julio de 2018.

Testimonio muy sentido de un manifestante

"Sobran preámbulos e introducciones. No importa quien yo sea. Uno de tantos con el rostro cubierto. Nací en Nicaragua en medio de la guerra y de la Revolución de los 80. De mi madre aprendí el compromiso con el pueblo y con los valores del sandinismo. Y de mi padre… solo me quedó una foto vestido de miliciano donde me carga en sus brazos siendo yo un tierno recién nacido.

"Soy uno de los tantos y tantas que se tuvieron que poner la máscara cuando el gobierno se la quitó, señala Juanónimo.

"Lo que hoy me impulsa -o mejor dicho me obliga- a escribir estas líneas es un sentimiento de "encachimbamiento" como decimos nosotros en Nicaragua – que me viene de muy adentro y que es muy ampliamente compartido.

"Para entendernos mejor, primero les diré que el nicaragüense es de un natural afable y expresivo, aunque suele ser bastante comedido en sus manifestaciones de enojo; como si demostrar públicamente su enfado (o "botar la gorra" como se suele decir popularmente) fuera un signo de debilidad. De manera que disponemos de una escala de emociones más extensa de lo habitual: cuando en el resto del mundo alguien está furioso, aquí se dice que está "muy molesto", y en esa peculiar escala, el grado superior tiene un nombre propio y genuino: "El encachimbamiento". El dictador Somoza pudo experimentar en sus carnes el alcance de este fenómeno y con muchas semejanzas, 40 años después, la dictadura bicéfala de Ortega-Murillo también lo está experimentando, comenta Juanónimo.

"El "encachimbamiento" no es una simple subida de azúcar o un ataque de cólera, es un proceso químico-social aún mal estudiado por los politólogos, que tiene una evolución gradual. Es como un estado de fermentación interior, fruto de múltiples y reiteradas, contrariedades, enojos, frustraciones y humillaciones contenidas, cuya lenta maceración termina reduciendo súbitamente los niveles de miedo y provocando unos vahos altamente inflamables.

"Ese "encachimbamiento" es justamente lo que desencadenó toda esta situación en la que Nicaragua está inmersa desde el 19 de abril. Está claro, insiste Juanónimo.

"Pero a raíz de todo esto, en mí, como en much@s otr@s compañer@s, ha ido emergiendo otro enojo. Es más, se puede decir que estamos "muy molestos" con la bien pensante izquierda internacionalista. Yo incluso, diría que estoy "encachimbado".

"Encachimbado con esa izquierda jurásica que, con sus dudas, sus recelos y sus silencios está siendo cómplice de la sangrienta represión ejercida contra un genuino movimiento de insurrección cívica. Una izquierda que, de pasada, también está perdiendo irremediablemente el tren de la historia, aunque eso, sería un mal menor… Porque mientras que sus gerifaltes se la pasan debatiendo sesudamente y glosando en sus foros y en sus *think-tanks* sobre los "golpes blandos", las "revoluciones de colores" y las tesis imperialistas de Gene Sharp, los matones del régimen Ortega-Murillo envalentonados y reafirmados en su guerra santa "revolucionaria" salen orgullosamente de cacería a perseguir, a secuestrar o a matar (de preferencia desarmados, claro) a los oponentes tildados de "vándalos", "delincuentes" y "terroristas".

"¡Que cómodos esos referentes ideológicos para transformar la legítima protesta social en una conspiración golpista de la CIA! y que útiles les resultan a Ortega-Murillo para poder defender sus negocios y justificar sus fechorías ostentando el sello de intachables revolucionarios, acosados por una horda de jóvenes y "vándalos derechosos financiados por el Imperialismo"… solo por intentar hacer lo mismo que ellos hace 40 años en sus tiempos revolucionarios: ¡sacar al dictador! ¡Qué ironía, se indigna Juanónimo!

"¡Y qué desprecio! ¿O sea que, si las luchas del pueblo no están enmarcadas dentro de un contexto estratégico adecuado, en el momento adecuado decidido por ellos y dirigido por ellos, no tienen validez? ¿O sea que las luchas contra una dictadura pueden ser buenas o malas según esa dictadura sea de derechas o se proclame de izquierda?

"Debe ser que somos jóvenes, incultos, sin bases teóricas y sin experiencia de la vida y de remate cortos de vista, porque donde nosotros vemos lucha de democracia contra autoritarismo ellos ven razones de Estado, conspiraciones a gran escala y batallas estratégicas para preservar espacios que la izquierda no puede perder, señala Juanónimo. ¡Qué mala suerte que nuestra lucha se parezca demasiado a esas mentadas "revoluciones de colores" para poder ser homologada por el sanedrín de los revolucionarios!

"Aún así, nos van a disculpar el atrevimiento señores de la izquierda bien pensante (y digo señores porque afortunadamente casi no hay damas) por brindarles aquí algunas reflexiones.

"En primer lugar, no desconocemos nuestra historia. Una historia marcada por la desgracia de haber nacido en el patio trasero de un imperio con todo lo que eso implica, y además por haber sido Nicaragua el lugar designado para la construcción de un canal interoceánico que antes de existir ya nos había valido más de una guerra civil y muchas invasiones de marines yankees. Nicaragua siempre ha estado en la encrucijada de intereses geopolíticos y estratégicos, y para que en un lugar así algo cambie, no siempre basta con que el pueblo lo decida… también hay que pedir permisos más arriba.

"No somos ingenuos. Sabemos que los gringos siempre van a intentar interferir, abortar o recuperar los verdaderos procesos de cambio social, por muy incipientes o suaves que parezcan.

"Pero responder a esa amenaza, tildando de golpista toda iniciativa popular no controlada y masacrando a su propio pueblo en nombre de principios revolucionarios, no solo es inmoral e inadmisible, también es totalmente contraproducente, porque mientras que eso ocurre, los gringos juegan el papel de buenos, apareciendo como los únicos protectores de la democracia y de los derechos humanos y dejando a la izquierda el penoso papel de defender las causas más impresentables, comenta Juanónimo.

"¿En nombre de qué principios y de qué ética se puede justificar tanta crueldad, tanta perversidad con la que se está castigando a nuestro pueblo? Porque en realidad de eso se trata: de un castigo ejemplar por desagradecidos, por revoltosos, por caprichosos reincidentes y por venir a provocar alborotos en la finca que ellos plácidamente controlaban.

"¿Cómo se puede gobernar con tanto odio? ¿Con qué mente tan desquiciada se ha podido dar la orden de cerrar las puertas de los hospitales a jóvenes que se estaban desangrando? ¿o despedir a los médicos por el simple hecho de haber atendido a manifestantes heridos? ¿o entregarle comida envenenada a los estudiantes en los tranques? ¿o pasar echando ácido a la cara de los manifestantes? ¿o mandar a asesinar a los policías que no quisieron ser parte de esta masacre? ¿o pagar 2,500 córdobas de extra a los trabajadores de la Alcaldía de Managua para ir de cacería con licencia para matar y robar? y ya cuando terminaron sus labores de "limpieza" seguir persiguiendo, amenazando, secuestrando, torturando, se indigna Juanónimo.

"Por solo mencionar algunos hechos absolutamente comprobados e irrefutables.

"Confundir esta deriva asesina y este nepotismo de república bananera con un proyecto socialista, sandinista o mínimamente de izquierda, defenderlo, o sin siquiera fingir neutralidad ante él, no solo es un error craso, es una vergüenza que la historia difícilmente perdonará, anota Juanónimo.

"Una cosa es reconocer que hoy el imperio ha afinado sus métodos con estrategias mucho más difíciles de detectar y más acordes con la era de la comunicación masiva y manoseada en la que vivimos.

"Otra cosa muy distinta, es aplicar mecánicamente este análisis a cualquier situación de protesta civil o eximir de responsabilidades a cualquier régimen solo por el hecho de que este se auto afirme socialista y revolucionario, y en nombre de esos sacrosantos principios nuestro pueblo debería aguantar los desmanes y los horrores que ni siquiera Somoza cometió en tan poco tiempo.

"Esto sería un sinsentido, un insulto a la inteligencia y sobre todo; una actitud de profundo desprecio elitista por la lucha de un pueblo desarmado (¿hasta cuándo…?) que ante un abuso reiterado de autoridad pierde el miedo y se echa a la calle recobrando su memoria y su dignidad.

"Un sinsentido, en primer lugar, porque el régimen Ortega-Murillo, por donde se mire, no es de izquierda, por mucho que se empeñe en disfrazar su neoliberalismo con su atosigante verborrea seudo revolucionaria. Este gobierno no tiene de izquierda más que el sello y el membrete, arrebatado con mañas a un partido que ellos mismos vaciaron de toda sustancia y convirtieron en una maquinaria electoral y represiva al servicio de sus intereses políticos y económicos.

"¿Qué diría Sandino, pregunta Juanónimo, que inició su lucha contra las compañías mineras instaladas en Nicaragua si supiera que el gobierno que hoy usurpa su nombre ha vendido la mayor parte del subsuelo del país a grandes multinacionales extractivas? Sin hablar de venta de la concesión para la construcción del canal interoceánico a una turbia empresa china, arrebatando arbitrariamente tierras a los campesinos sin siquiera consultarlos o al menos intentar convencerlos.

"¿Dónde están las políticas de izquierda de un personaje capaz de urdir cualquier amaño con tal de perpetuarse en el poder, él, su esposa y su marimba de hijos e hijas, cada uno de ellos al mando de empresas, negocios, concesiones, canales de TV, etc.?

"¿Cómo pueden seguir viendo en la figura de Ortega a un referente de la izquierda después de estar más que comprobada la aberrante historia de abusos sexuales cometidos durante años en contra de su hijastra Zoilamérica, cuando esta era menor de edad?

"¿Referente de izquierda una persona capaz de pactar con la Iglesia Católica una ley medieval que penaliza el aborto, aunque sea terapéutico (es decir, que impide a los médicos intervenir para salvar la vida de una madre si esto implica que el feto esté en riesgo)?

"Pero aún con tanta indulgencia y tanto pacto, la jugada les salió mal. Después de retozar durante 11 años con el gran capital, con la Iglesia, e incluso con Estados Unidos, Daniel Ortega se sintió súbitamente traicionado y volvió a desempolvar cínicamente su artillería "revolucionaría": de la noche a la mañana la empresa privada se convirtió en golpista, la Iglesia en una secta satánica y la juventud "divino tesoro" de la Patria a la que se refería en sus discursos, en una horda de vándalos, terroristas y criminales a saldo del Imperialismo, denuncia Juanónimo.

"Llegado a este punto crítico, lo que más necesita Daniel Ortega es no perder la franquicia de Izquierda, seguir vendiendo el cuento que él representa y resguardar las esencias del antiimperialismo y de esa manera reafirmar que todos los oponentes al régimen no son más que un atajo de somocistas, liberales y proimperialistas.

"No es caer en ninguna contradicción, sin embargo, reconocer que en situaciones como ésta los primeros en buscar ganancia son los de siempre, los más preparados y los que más recursos y experiencia tienen: la derecha apoyada por Estados Unidos y sus múltiples operarios, nota Juanónimo.

"Obvio que los gringos están siempre preparados para pescar (y más en río revuelto) y reconducir los procesos sociales a terrenos que ellos controlan. Pero entonces ¿qué hacemos? ¿Nos resignamos? ¿Tiramos la toalla? ¿O seguimos solos en esta lucha?

"Pero tampoco ahí nos engañemos. Si no ha fomentado un golpe más contundente Estados Unidos a este gobierno no es por falta de medios o de ideas, sino porque de alguna manera sigue sirviendo sus intereses en la región y porque a los gringos, igual que a la derecha les asusta más una revuelta popular que no controlan, que una tiranía con la que pueden negociar. Daniel Ortega bien lo sabe y bien lo aprovecha, lanzando la amenaza de que sin él la región se sumiría en un incontrolable caos, explica Juanónimo.

"¿Y ante todo esto qué piensa la Izquierda bien pensante?

"Bien es cierto que intereses creados no admiten de demasiados razonamientos, pero además, muchos de los gerifaltes no están dispuestos a arriesgar que su currículum antiimperialista sea puesto en duda si le retiran su apoyo al viejo compañero de ruta. En el mejor de los casos pueden llegar a admitir que Daniel Ortega se ha equivocado, que se le ha ido un poco la mano o incluso que esto le ha ocurrido por dejar que su esposa Rosario se metiera en asuntos que no la competían.

"Pero a fin de cuentas estando de por medio el Imperialismo, terminan invariablemente pensando que **el fin justifica los medios** y que por consiguiente "no es el momento de entrar en debates que debiliten el campo progresista en América Latina". Razón suficiente según ellos, ¡para que Nicaragua siga siendo inmolada en nombre del ALBA! y con esa lógica, seguro que, en voz baja, más de uno estará diciendo de Daniel lo mismo que los gringos decían de su aliado el dictador Somoza para justificar sus atropellos sangrientos: 'Es un hijo de puta, pero es nuestro hijo de puta.' Para seguir argumentando que 'lo que viene después de Daniel puede ser un riesgo.' Efectivamente, en este país tan sometido a intereses foráneos todo cambio es un riesgo, pero aferrarse a la viga podrida por miedo a que se derrumbe todo el piso no parece la opción más inteligente, insiste Juanónimo.

"Ante una oposición ideológicamente dispersa y con el único proyecto común de exigir la salida de Ortega-Murillo, ¿no sería mucho más consecuente, desde una perspectiva de izquierda, acompañar solidariamente a esos jóvenes que aún se reconocen en los ideales de Sandino y apoyar a esos movimientos populares auténticos para que no queden solos y que sus causas no se vean recuperadas por otros intereses ajenos?

"Para que nuestros padres, que sacrificaron lo mejor de sus vidas (y de nuestra infancia) por una causa tan generosa no sientan que han luchado en vano ni piensen que estas sangrientas y demenciales derivas tienen algo que ver con los ideales en los que creyeron. Ellos no tienen culpa de que unos psicópatas asesinos disfrazados de revolucionarios les hagan llegar a la tumba con esa injustificada carga de culpabilidad a cuestas.

"¿Qué tendrá este país para ser tan señalado por la historia? Hace 40 años les tocó a nuestros padres derrocar una dictadura. Ahora nos toca a nosotros. Sin armas, casi sin apoyos, rodeados de incomprensión, casi sin medios y casi sin tiempo para pensar y organizarnos.

"Señores gerifaltes de la izquierda bien pensante, si ustedes tanto quieren a Daniel Ortega como referencia y compañero de ruta, ¡quédenselo! Pero por respeto a todos los que han sacrificado sus vidas y las siguen sacrificando por sueños, por ideales y no por mezquinos intereses, por favor, dejen de estorbar, crucen la acera y cambien de nombre. Hay que reinventar la izquierda, el internacionalismo. Dejarse de pajas y bajar al nivel de los adoquines. Porque contrariamente a lo que ustedes piensan, desde ahí se vislumbra mejor el horizonte.

"En lugar de seguir retorciendo la realidad hasta hacerla encajar en sus teorías obsoletas, en lugar de defender lo indefendible, intenten al menos encontrar un huequito en sus especulaciones para justificar que un puñado de gente encachimbada, sin armas, sin recursos, sin contactos con la CIA tengan derecho a existir, a expresarse y a luchar por sus derechos y sus ideales de izquierda, comenta Juanónimo.

"Señores gerifaltes: ¡no solo no logramos reconocernos en las prácticas de esa izquierda que ustedes representan, sino que a estas alturas del juego nos afirmamos huérfanos de ella!

"La Izquierda está urgentemente enfrentada a retos nuevos en un contexto nuevo frente al que no tenemos preguntas ni respuestas claras y mucho menos certezas o teorías. Hay cosas que no logramos entender. Pero hay algo mucho peor que no entender: estar convencido de que se entiende y recurrir a respuestas inadecuadas, insiste Juanónimo. Pero en todo caso, y para mientras, hay principios a los que sí hay que aferrarse: la ética y el humanismo sin los cuales no hay izquierda posible.

"Decía en otra época un profético y lúcido disidente comunista:

"El viejo mundo se muere. El nuevo tarda en aparecer. Y en ese claroscuro surgen los monstruos".

"Ojalá la Izquierda no siga haciéndose cómplice de ellos..., concluye Juanónimo." [36]

---

[36] "Hay que reinventar la izquierda, que está urgentemente enfrentada a retos nuevos en un contexto nuevo," el 8 de agosto de 2018, *Nicaragua Investiga*, consultado el 15 de agosto de 2018.